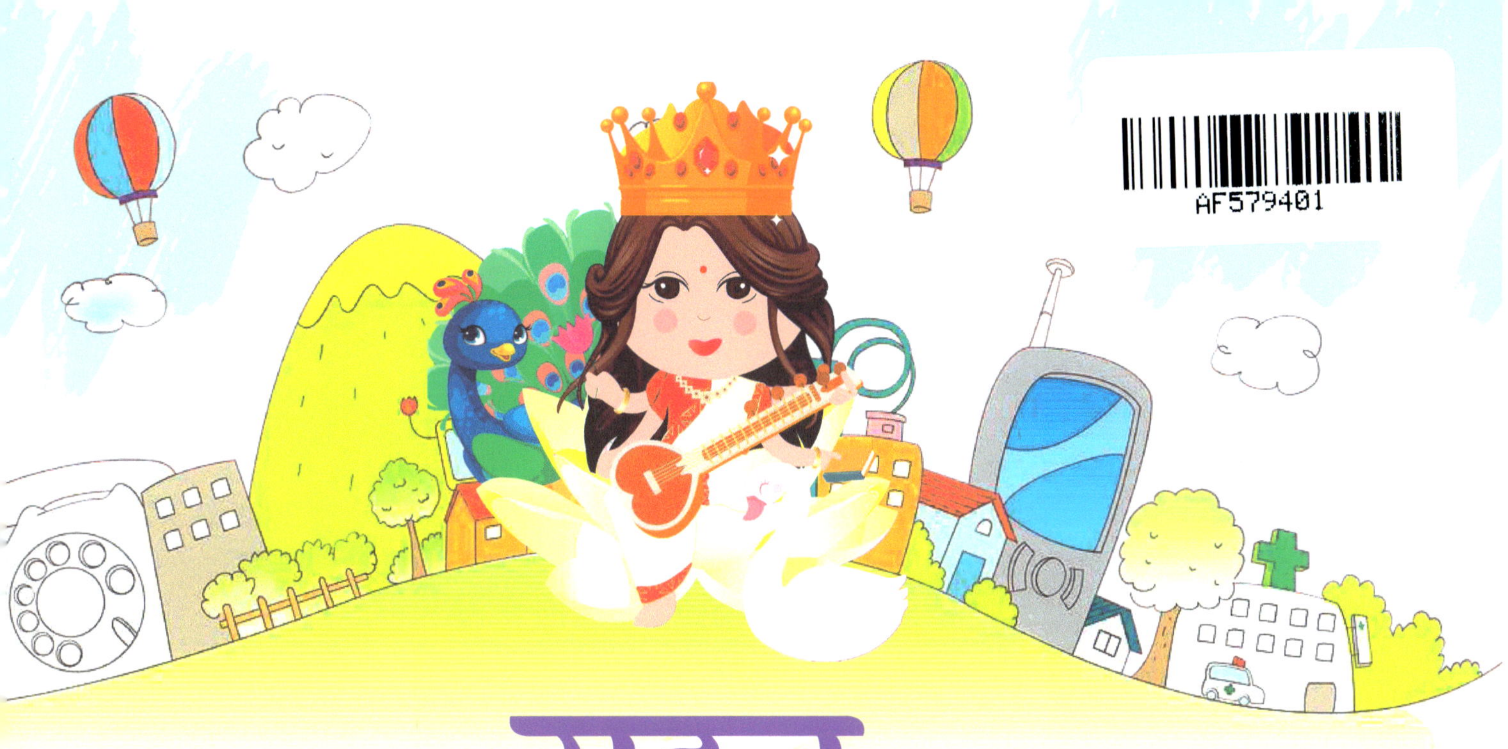

सहज

संदेशात्मक बाल कविताएं

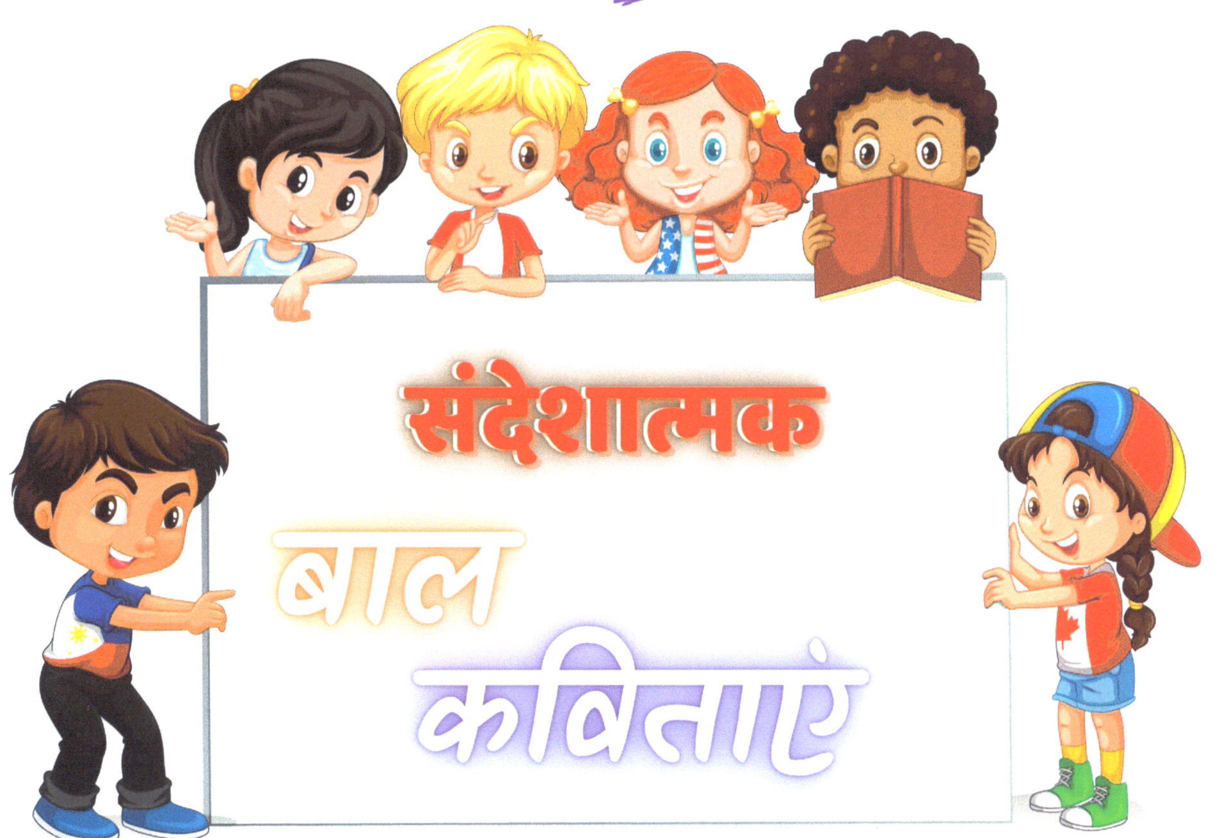

रचनाकार :~ रमेश चन्द्र मिश्र 'सहज'

भूमिका

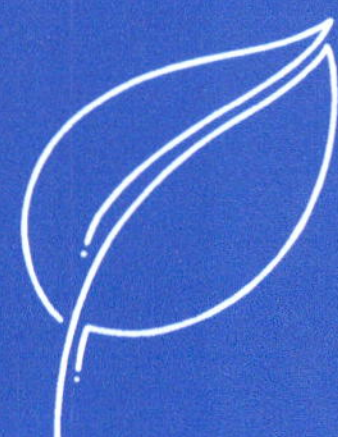

सहज ' की सहज प्रस्तुतिः 'सहज'

साहित्यिक क्षेत्र में कुछ लोग बाल साहित्यकारों के प्रति उपेक्षा भाव से कहते हैं कि बाल कविताएँ लिखना बहुत सरल और आसान होता है। किन्तु मेरा मानना है कि सरल सा दिखने वाला यह काम बहुत कठिन है।बाल कविताएँ लिखने के लिये बाल मनोविज्ञान को समझना पड़ता है। स्वयं को बच्चा बनना पड़ता है।

मदन मोहन मालवीय प्राथमिक विद्यालय के संस्थापक रमेश चन्द्र मिश्र 'सहज' ऐसा ही व्यक्तित्व है। बच्चों से उनका प्रगाढ़ नाता रहा है। वे बाल मनोविज्ञान को भली-भांति समझते हैं। उनकी प्रथम बाल काव्य कृति 'सहज' की पांडुलिपि का अध्ययन किया। पुस्तक में 15 बाल उपयोगी कविताएँ हैं। कविताएँ छोटे बच्चों से किशोर वय तक के बच्चों को ध्यान में रखकर लिखी गई हैं। कविताओं के माध्यम से बच्चों के मुख से समाज को सीख देने का प्रयास किया गया है। कुछ कविताओं में सीख के साथ सचेत भी किया गया है। अपने उद्देश्य में सहज जी शत प्रतिशत सफल होते प्रतीत होते हैं।

जल सरंक्षण हेतु बच्चे द्वारा पिता को सीख देने का उदाहरण द्रष्टव्य है-

पापा रखना इतना याद।
मत करना पानी बर्बाद॥

'सरगम जाएगी स्कूल' कविता में बेटा -बेटी में भेदभाव न करने की सीख के साथ बच्ची की शिक्षा ग्रहण कर सफलता के सोपान चढ़ने की उत्सुकता एवम दृढ़ इच्छा शक्ति देखिए-

कह देना जाकर टीचर से सरगम आएगी स्कूल।
और शिक्षा के पंख लगा कर बदलेगी वो सारे रूल॥

सहज जी की कृति सहज की भाषा सहज सरल व बोलचाल की मिश्रित भाषा है जो बच्चों को आसानी से समझ में आयेगी। कहीं-कहीं अँग्रेजी व उर्दू के शब्द भी हैं जो सामान्य व स्वाभाविक प्रतीत होते हैं। लय व तुकांत कविता के मूल तत्व होते हैं या कहें कि लय व तुकांत रहित कविता को कविता कहना सर्वथा अनुचित है। सहज जी ने इन मूल तत्वों की उपस्थिति को सुनिश्चित किया है। भाव, कला व शिल्प की कसौटी पर भी कृति 'सहज' सहज है। मुझे विश्वास है कि सहज जी की सहज साहित्यिक क्षेत्र में, पाठकों, बच्चों एवम अभिभावकों में न सिर्फ पढ़ी जाएगी वरन भरपूर सराही भी जाएगी।सहज जी को बधाई एवम शुभकामनाएं इस आशा के साथ कि वे इस दिशा में निरंतर क्रिया शील रहेंगे तथा शीघ्र ही दूसरी बाल काव्य कृति प्रकाशित कराएंगे।

अंत में 2 पंक्तियों के साथ लेखनी को विराम देता हूँ। धन्यवाद

'सहज' रचित की कृति 'सहज', बच्चों के हित मित्र।
सीख नियम उपदेश का, वर्णन किया सचित्र॥

डॉ० सतीश चंद्र शर्मा 'सुधांशु'

साहित्यकार / सम्पादक अध्यक्ष, के०बी० हिंदी सेवा न्यास (पंजी०)

अध्यक्ष, डॉ० मिथिलेश दीक्षित साहित्य-संस्कृति सेवा न्यास (पंजी०)

'बाबू कुटीर' ब्रह्मपुरी, पिंडारा रोड बिसौली (बदायूँ) उ०प्र०

मो0- 8394034005 ईमेल- dr.sudhanshukavi2015@gmail.com

आत्मकथ्य

प्यारे बच्चों, सम्माननीय, अध्यापक गण एवं अभिभावक बंधु व पाठक गण आपके सम्मुख बाल कविताओं का प्रथम संस्करण "सहज, नाम से प्रस्तुत है। इसमें बाल कविताओं को कुछ नये रुप में कहने का प्रयत्न किया है, कविताओं के माध्यम से बच्चों व समाज में एक संदेश पहुँचाने का भी प्रयास किया गया है ।

लंबे समय से बच्चों की कविताओं में प्रकृति, जीव, जंतुओं के भाव स्वभाव पर कल्पनाएं कर उनका मनोरंजन किया जाता रहा है। एक दिन मेरे ही स्कूल के बच्चों के द्वारा सुनाई जा रही कविताओं के सुनने पर एक विचार पैदा हुआ कि क्यों न बाल मुख से संदेश पूर्ण कविताएं सुनाने के लिए कुछ रचनाएं की जाएं। बस यही मेरी प्रेरणा बनकर बाल कविताओं का "सहज, (संदेशात्मक बाल कविताएं) नाम से पुस्तक के रुप में पूर्ण हुआ जो आपके सम्मुख है। एक बात और यहाँ बताने योग्य है कि इन कविताओं में भाषागत यह विशेषता रखी गई है कि आम चलन में बोले जाने वाले शब्दों को प्रयुक्त किया गया है। चाहे वह हिंदी के हो या अँग्रेजी अथवा अन्य किसी भाषा के जो सहज और स्वाभाविक रुप से बोले जाने वाले हैं । ताकि बच्चों को भाषायी कठिनाई न हो, और वो कविताओं का पूर्ण आनंद ले सकें।

मेरी इस कृति को बाल जगत तक पहुंचाने के कार्य में हमारे बिसौली की पहचान डॉ0 सतीश चंद्र शर्मा 'सुधांशु' जी ने जिन्होंने अनेकानेक देश-विदेश के काव्य मंचों पर अपनी कलम को पहचान दी है। ऐसे काव्य पुरोधा ने हौसलों की मिसाइल से पुस्तक प्रक्षेपण कराने में सराहनीय योगदान दिया है। उनका मैं हृदय से आभारी हूँ।

इस पुस्तक को ऋतिक मिश्रा द्वारा (मेरे पुत्र) आकर्षक डिजाइनिंग व कंपोजिंग कर सुंदर रुप दिया गया है, जो बाल मन को प्रफुल्लित करेगा । ऐसी मेरी आशा है । ~धन्यवाद~

रमेश चंद्र मिश्र ' सहज '
बी. ए , बी. एड, साहित्याचार्य
संस्थापक: मदन मोहन मालवीय शिक्षा समिति
परौली, (बदायूँ) उ०प्र० 243633

अनुक्रमणिका

रसगुल्ला ने किया कमाल

रसगुल्ला ने किया कमाल ।
कूद गया वह कुण्ड विशाल ।।

डूब-डूब कर खूब नहाया ।
थाल में आकर जब मुस्काया ।।

मेरा भी तब मन ललचाया ।
जीभ ने अपना रंग दिखाया ।।

लपक-लपक बाहर को आती ।
यह सब देख आँख शर्माती ।।

मैं फिर बोला ओ हलवाई ।
दो रसगुल्ला दे दो भाई ।।

मुँह में गया 'सहज' रसगुल्ला ।
स्वाद मिला तब खुल्लम खुल्ला ।।

(पापा घर से जाओ तब)
पापा घर से जाओ तब
हेलमेट ले जाओ जब।
रोडरुल्स का पालन करना
देश के भले नागरिक बनना।
हर सिग्नल की रखना आन।
हरी, लाल, पीली बत्ती का
चौराहे पर रखना ध्यान।
अच्छे पापा की पहचान।
बच्चो का रखते जो ध्यान।
ध्यान न रखते जो नियमों का
उनका पुलिस करे अपमान।
STOP
READY
GO

(मत करना पानी बर्बाद)

पापा इतना रखना याद ।
मत करना पानी बर्बाद ।।

मेरे सर यह बोल रहे थे ।
जीवन का सच खोल रहे थे ।।

व्यर्थ बहाओगे यदि पानी ।
होगी बहुत बड़ी नादानी ।।

वन्य , वनस्पति पालन हार ।
जल ही जीवन का आधार ।।

ईश्वर की ये देन निराली ।
इसी से खेतों में हरियाली ।।

पानी यदि होगा संरक्षित ।
तब हैं जंगल, जीव सुरक्षित ।।

सर चंदा की क्या है दूरी

सर चंदा की क्या है दूरी ।
मुझको जाना बहुत जरूरी ॥
वहाँ मैं छोटा नगर बसाऊँ ।
वहीं अपना स्कूल बनाऊँ ॥
वहीं पढ़ूँगा वहीं लिखूँगा ।
वहीं मैं अनुसंधान करूँगा ।।
सूरज गोल चन्दा गोल ।
देखा ये धरती भी गोल ।।
गोलमाल का चक्कर क्या है ।
ऊपर जाकर यह जानूँगा ।।
चांद से जब धरती पर आऊँ ।
तब मैं नानी के घर जाऊँ ।।
अन्तरिक्ष की अजब कहानी ।
नानी के घर मुझे सुनानी ।।

फादर बोलो

"फादर, पापा से बोलो
मम्मी से "मदर, ।
"सिस्टर, बहिना से बोलो
भैया से "ब्रादर, ।
"अंकल, जी हैं चाचा मेरे
चाची हैं "आन्टी, जी ।
बाबा से "ग्राण्ड फादर, बोलो
"ग्राण्ड मदर, हैं दादी जी ।
बुआ, मौसी, मामी, ताई
को भी "आंटी, कहते ।
फूफा, मौसा, मामा, ताऊ
"अंकल, बोले जाते ।

सरगम आयेगी स्कूल

सरगम बोली अब्बू से यों
अब्बू मेरी बात सुनो ।
मुझको भी भेजो पढ़ने को
नये युग की पहचान बनो ।
पढ़-लिखकर मैं नाम कमाऊँ
दुनियाँ में कुछ कर दिखलाऊँ ।
भैया से अच्छा पढ़ लूँगी
अब्बू की मैं शान बनूँगी ।
अरहम गया-गया सरताज
मुझको भी दो वस्ता आज ।
धरती से ले अंतरिक्ष तक
जानूँगी वो सारे राज ।
कह देना जाकर टीचर से !
सरगम आयेगी स्कूल ।
और शिक्षा के पंख लगाकर,
बदलेगी वो सारे रूल ।

बचपन का स्कूल

बना रहे ये युगों-युगों तक,
मेरे बचपन का स्कूल ।
रंग विरंगी उन यादों सा,
कैसे इसे मैं जाऊँ भूल ।
यहीं पे मेरा बचपन बीता
सीखी यहीं जगत की रीत ।
खेले कूदे खूब यहाँ पर
मेरे प्यारे- प्यारे मीत ।
बनूँ मैं नेता सारे जग का
चाहें बनूँ बड़ा विद्वान ।
यही सदा अभिलाषा मेरी
धूमिल न हो इसका मान ।
मेरे गुरुओं की कृपा ही
मेरी शिक्षा का है मूल ।
यहीं मिला विद्या का संबल
बना जगत सारा अनुकूल ।

मेरी मम्मी प्यारी है, सारे जग से न्यारी है ।
रोज सवेरे जल्दी उठ, करवाती तैयारी है ।।

मेरी मम्मी प्यारी है ....
नहाना धोना रोज कराती ।
सू.सू. पॉटी भी करवाती ।।
यूनिफार्म पर प्रेस लगाकर ।
तब मुझको पहनाती है ।।

मेरी मम्मी प्यारी है ....
ब्रेड, टोस्ट और दूध पिलाकर ।
बैग, टिफिन, बोतल भी देकर ।।
पूरी तरह सुरक्षित कर तब ।
वैन में मुझे बिठाती है ।।

मेरी मम्मी प्यारी है ....
जाते - जाते मुझे टोहती ।
आने की फिर राह जोहती ।।
जैसे ही आता मैं पढ़कर ।
मम्मी खुश हो जाती है ।।

मेरी मम्मी प्यारी है, सारे जग से न्यारी है ।
रोज सवेरे जल्दी उठ, करती मेरी तैयारी है ।।

मेरा देश

ये है मेरा देश महान ।
मैं भी करूँ इसे कुछ काम ॥

राष्ट्रहितैषी अलख जगाऊँ ।
मानवता का पाठ पढ़ाऊँ ॥

महिलाओं की करूँ सुरक्षा ।
दु:खी न रहे कोई बच्चा ॥

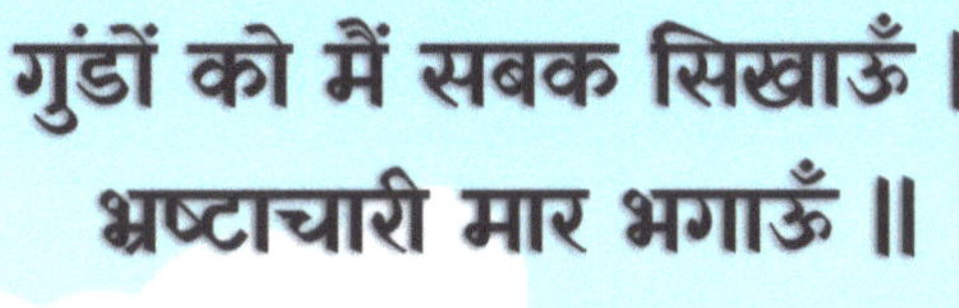

गुंडों को मैं सबक सिखाऊँ ।
भ्रष्टाचारी मार भगाऊँ ॥

माफियाओं का करूँ मैं मर्दन ।
तभी हो हर जन का संवर्धन ॥

मेरे सर ये कहते हैं । सबको शिक्षा और सम्मान
तभी बनेगा देश महान ॥

धर्म पे बलवा

पापा ऐसा क्यों होता है ।
धर्म पे बलवा क्यों होता है ।।
सब धर्मों का एक विधान ।
हिन्दू हो या मुसलमान ।।
नेक बनें हम एक रहें ।
नहीं किसी से द्वेष रखें ।।
यही सिखाया था ईसा ने ।
यही कहा हजरत मूसा ने ।।
गौतम ने भी यही बताया ।
नानक ने संदेश सुनाया।।
पीड़ा हर मानव की जानें ।
जीवों का हम दुःख पहचानें ।।
पीर पैगम्बर अवतारी सब ।
यह कह-कह कर चले गये ।।
फिर भी ऐसा क्यों होता है ।
धर्म पे बलवा क्यों होता है ।।

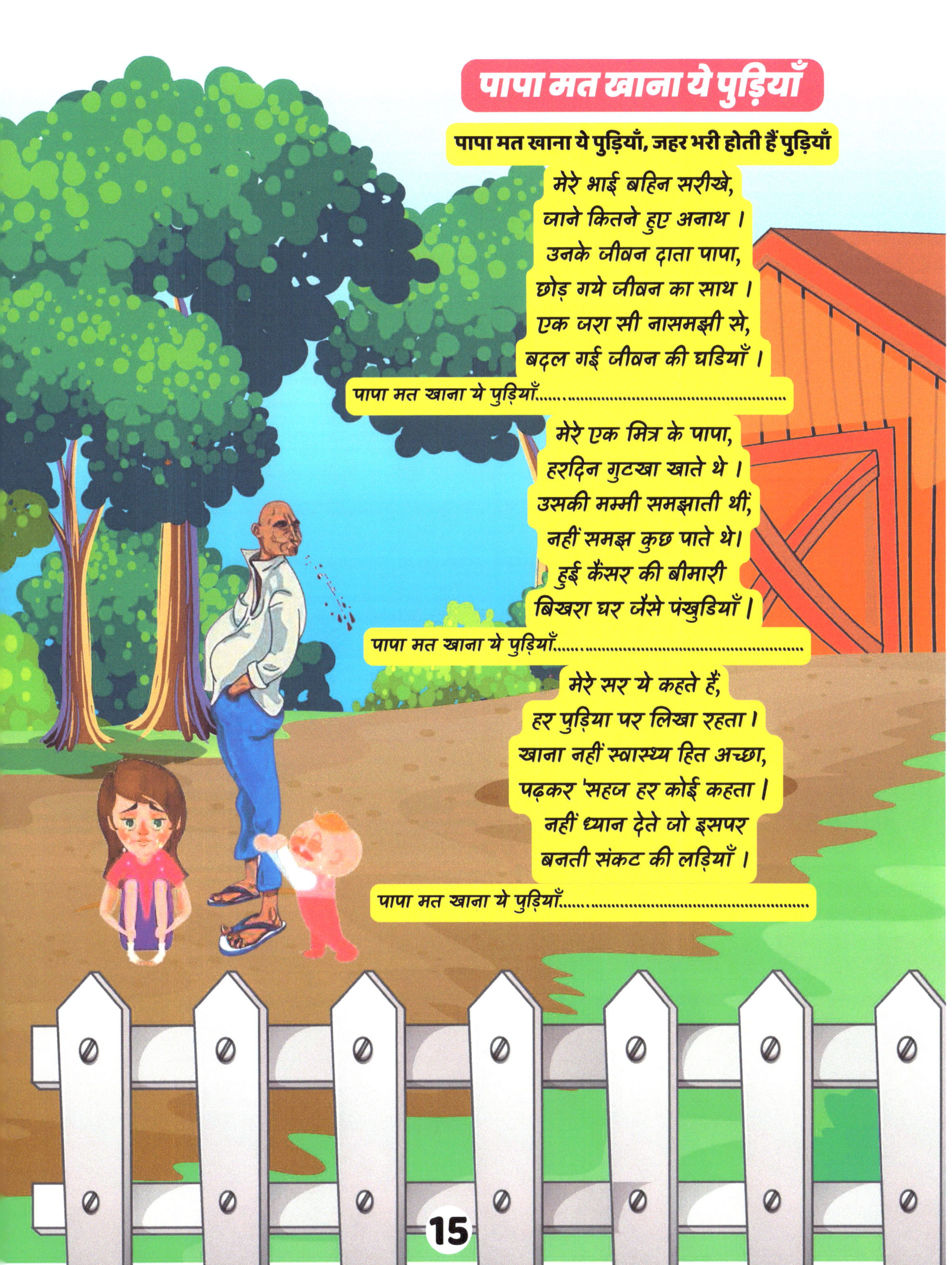

पापा मत खाना ये पुड़ियाँ

पापा मत खाना ये पुड़ियाँ, जहर भरी होती हैं पुड़ियाँ

मेरे भाई बहिन सरीखे,
जाने कितने हुए अनाथ ।
उनके जीवन दाता पापा,
छोड़ गये जीवन का साथ ।
एक जरा सी नासमझी से,
बदल गई जीवन की घडियाँ ।

पापा मत खाना ये पुड़ियाँ...

मेरे एक मित्र के पापा,
हरदिन गुटखा खाते थे ।
उसकी मम्मी समझाती थीं,
नहीं समझ कुछ पाते थे।
हुई कैंसर की बीमारी
बिखरा घर जैसे पंखुडियाँ ।

पापा मत खाना ये पुड़ियाँ...

मेरे सर ये कहते हैं,
हर पुड़िया पर लिखा रहता ।
खाना नहीं स्वास्थ्य हित अच्छा,
पढ़कर 'सहज हर कोई कहता ।
नहीं ध्यान देते जो इसपर
बनती संकट की लड़ियाँ ।

पापा मत खाना ये पुड़ियाँ...

(कभी नहीं बीमार पढ़ोगे)

कभी नहीं बीमार पढ़ोगे, अगर नियम अपनाओगे।
दाँत साफ तुम रोज करोगे।
नाक कान भी साफ रखोगे।।
खाना खाने से पहले तुम।
साफ हाथों का ध्यान रखोगे।।
कभी नहीं बीमार पढ़ोगे...
जब भी आओ खेल कूद कर।
मुँह में पानी भर कुल्ला कर।।
हाथ पैर अच्छे से धोकर।
तब जो खाना खाओगे।।
कभी नहीं बीमार पढ़ोगे...
आँख, नाक में उँगली मत कर।
कान में लकड़ी कभी नहीं कर।।
रोज नहाना रगड़-रगड़ कर।
नि: रोगी बन जाओगे।।
कभी नहीं बीमार पढ़ोगे...
पिज्जा, वर्गर, चाऊमीन ये।
पेट को गंदा करते हैं।।
जंक फूड, ये फास्ट फूड।
हमको बीमार बनाते हैं।।
'सहज' शुद्ध माँ के हाथों की।
बनी पकौड़ी खाओगे।।
कभी नहीं बीमार पढ़ोगे, अगर नियम अपनाओगे।

(हिन्दी मेरी माँ सी भाषा)

हिन्दी मेरी माँ सी भाषा, करें इसे सम्मानित ।
अँग्रेजी है मित्र सरीखी, नहीं कोई अभिशापित ।।
माँ से उद्भव पाकर मैंने, जब अपना मुँह खोला ।
हिन्दी के माध्यम से पहला, अक्षर ही माँ बोला ।।
माँ से सीखा दादा, दादी, मामा, मामी, नानी ।
जान चुका था माँ से ये है, मेरी हिन्दी वानी ।।
ये तो सच है हिन्दी के बिन, मान नहीं पा सकते ।
पर अँग्रेजी बिना विदेशी, ज्ञान नहीं पा सकते ।।
किसी देश में जाने पर ये, मित्र सरीखी होगी ।
नहीं चलेगा काम वहाँ, जब अँग्रेजी न होगी ।।
अँग्रेजी है वैश्विक भाषा, करूँ समर्थन मैं भी ।
पर हिन्दी है राष्ट्र की भाषा, मान रखूँ उसका भी ।।
विश्व बंधु का नारा कहता, सारी धरा हमारी ।
अँग्रेजी है जग की भाषा, फिर क्यों कहें तुम्हारी ।।
सीखूँगा अँग्रेजी लेकिन, न अंग्रेज बनूँगा।
हिन्दी है पहचान हमारी, इसे न कभी तजूँगा ।।
श्रेष्ठ राष्ट्र की श्रेष्ठ सभ्यता, कभी न हो अपमानित ।
पर अँग्रेजी मित्र सरीखी, नहीं कोई अभिशापित ।।

विश्व बंधुत्व की कल्पना

नहीं कहूँगा मेरा देश, नहीं कहूँ मेरा प्रदेश ।
विश्व बन्धु की सही कल्पना, पूरा जग मेरा परिवेश ।।
छोटे मन से जिऊँ नहीं मैं, मेरा स्वप्न न्यारा ।
यही सनातन यही पुरातन, सारा जगत हमारा ।।
हर मानव में प्राण एक है, एक वेदना डाली ।
ईश्वर की ये पावन कृति, वही है इसका माली ।।
नहीं उग रहा किसी धर्म का चन्दा, सूरज भिन्न ।
एक धरा है, एक पवन, न देती स्वाँसे गिन ।।
भाँति-भाँति के कर्म धरा पर निज कौशल से पाते ।
लगन और मेहनत से वो ही परम गुनी बन जाते ।।
जाति धर्म के चक्कर में न अपनों को खोना तुम ।
नये जगत की नयी कल्पना, की आशा होना तुम ॥
हम सब करें विचार अगर कुछ, तो ऐसा कर पाएँ ।
सब धर्मों को करें समाहित, मानव धर्म बनाएँ ।।

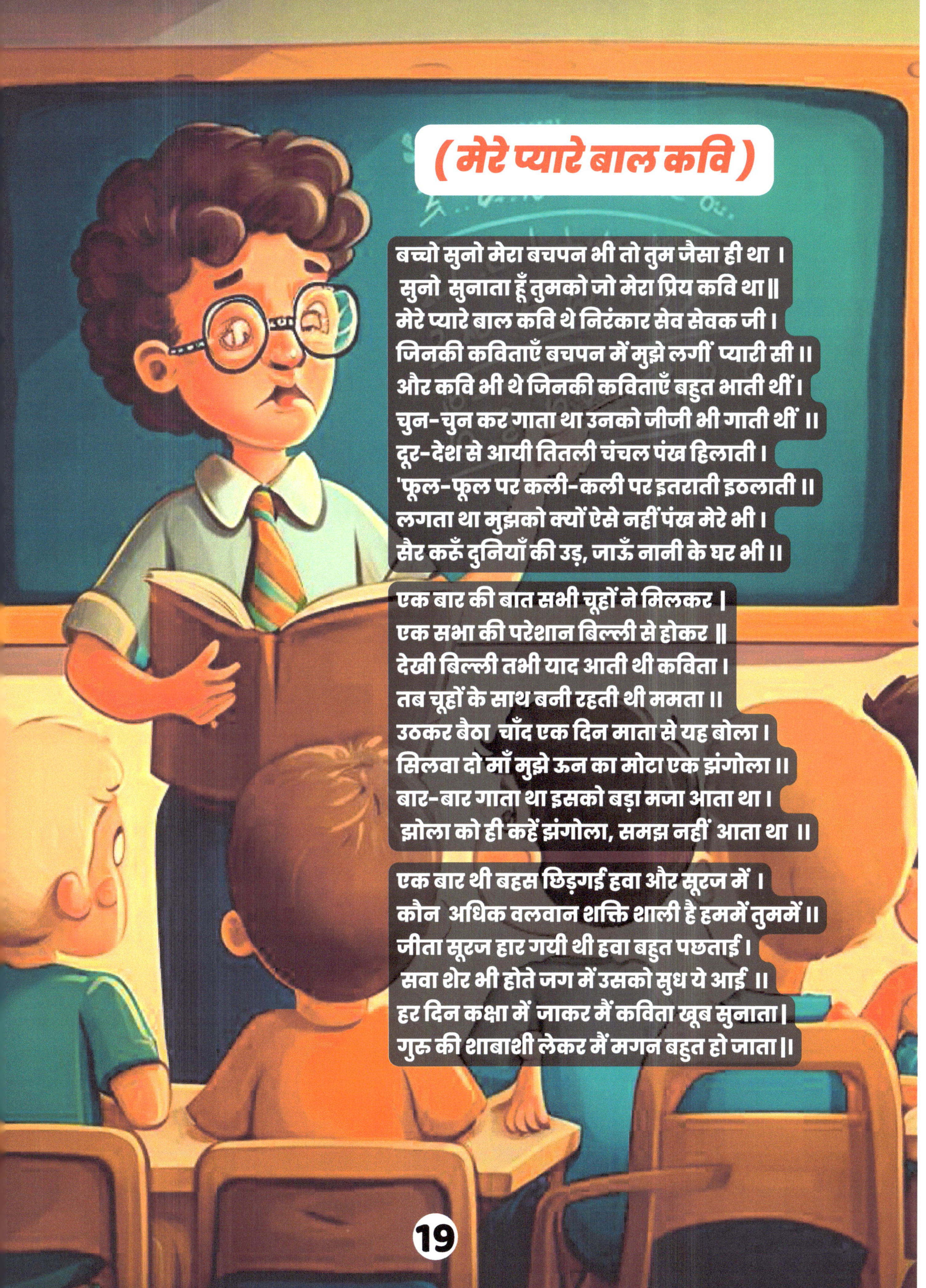

(मेरे प्यारे बाल कवि)

बच्चो सुनो मेरा बचपन भी तो तुम जैसा ही था ।
सुनो सुनाता हूँ तुमको जो मेरा प्रिय कवि था॥
मेरे प्यारे बाल कवि थे निरंकार सेव सेवक जी।
जिनकी कविताएँ बचपन में मुझे लगीं प्यारी सी ।।
और कवि भी थे जिनकी कविताएँ बहुत भाती थीं।
चुन-चुन कर गाता था उनको जीजी भी गाती थीं ।।
दूर-देश से आयी तितली चंचल पंख हिलाती।
'फूल-फूल पर कली-कली पर इतराती इठलाती ।।
लगता था मुझको क्यों ऐसे नहीं पंख मेरे भी।
सैर करूँ दुनियाँ की उड़, जाऊँ नानी के घर भी ।।

एक बार की बात सभी चूहों ने मिलकर ।
एक सभा की परेशान बिल्ली से होकर ॥
देखी बिल्ली तभी याद आती थी कविता।
तब चूहों के साथ बनी रहती थी ममता ।।
उठकर बैठा चाँद एक दिन माता से यह बोला।
सिलवा दो माँ मुझे ऊन का मोटा एक झंगोला ।।
बार-बार गाता था इसको बड़ा मजा आता था।
झोला को ही कहें झंगोला, समझ नहीं आता था ।।

एक बार थी बहस छिड़गई हवा और सूरज में ।
कौन अधिक वलवान शक्ति शाली है हममें तुममें ।।
जीता सूरज हार गयी थी हवा बहुत पछताई।
सवा शेर भी होते जग में उसको सुध ये आई ।।
हर दिन कक्षा में जाकर मैं कविता खूब सुनाता।
गुरू की शाबाशी लेकर मैं मगन बहुत हो जाता।।

पहेलियाँ

प्रयागराज में जाकर के तुम संगम खूब नहाओ।
कौन-कौन नदियाँ मिलती हैं नाम जरा बतलाओ।

बड़े-बड़े विद्वान कहें, दादा भी कहते आये।
कौन थे बो जो गंगा मां को, पृथ्वी पर ले आये।

अर्जुन जैसा वीर धनुर्धर सुना नहीं जाता है
वाण चलाता था जिस धनु से, नाम तुम्हे आता है।

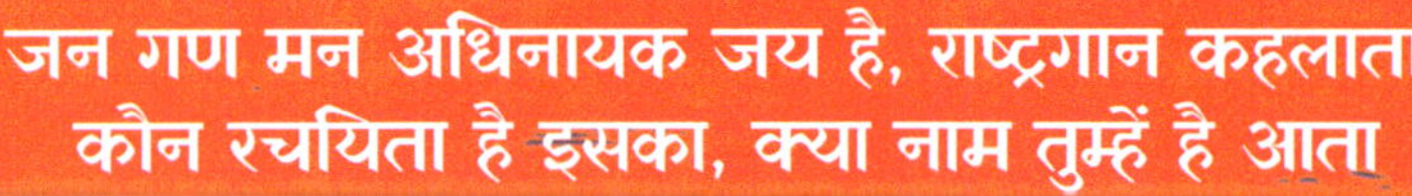

जन गण मन अधिनायक जय है, राष्ट्रगान कहलाता
कौन रचयिता है इसका, क्या नाम तुम्हें है आता

कौन था वह जो अंतरिक्ष में पहली वार गया था
चाँद पे जाकर जिस योद्धा ने पहला कदम रखा था

www.ingramcontent.com/pod-product-compliance
Lightning Source LLC
LaVergne TN
LVHW071136160826
845679LV00005B/1312

9798889757658